Александр Кушнер
ИЗБРАННОЕ

А. Кушнер
Избранное. Издательство KRiK Publishing House, Нью-Йорк 2015 г.— 31 с.

Эта книга является частью двуязычной серии «Русское Слово без Границ» и включает поэтические тексты известного русского поэта Александра Кушнера на двух языках: русском и английском в переводе Гари Лайта.

Alexander Kushner
SELECTED POETRY

A. Kushner
SELECTED POETRY. KRiK Publishing House New York 2015 — 31 p.

This book is a part of bilingual series "Russian Word without Borders" and includes the poetry collection written in Russian by prominent Russian poet Alexander Kushner translated to English by Gary Light.

ISBN-13: 978-0692514054
ISBN-10: 0692514058

# РУССКОЕ СЛОВО БЕЗ ГРАНИЦ

# RUSSIAN WORD WITHOUT BORDERS

\*   \*   \*

I sipped some vermouth,
And was grazed by the taste of the wormwood,
As if to spite the longing,
Met with an ancient friend of mine.

We have not seen each other for a long time,
Stages, as well as parts of the play have changed,
And  he, – So many summers and winters have come and gone
– He asked me softly: So, how have you been?

I tilt the glass a bit,
With a stripe along the edge of that glass,
I hesitated, took another sip
And  replied quite honestly: I have no idea!

*translated by Gary Light*
*the original Russian version — page 19*

*   *   *

I could see so precisely that century twelfth
Two-three seas and a few of the rivers.
If you shout – your voice would be heard over there.
In the way as if swallows had carried the hair
In its beaks, overpassing the ships
To Cornwallis Island from Ireland.
And our century now, what darkness it is!
How futile it is to await that letter. Where is it?
So senseless that noise that's created by the run of the waves
Perhaps it is a European novel.
Where Tristan is cancelled and buried?
Or my dear, could it be that there are no swallows.

*translated by Gary Light*
*the original Russian version — page 20*

\* \* \*

Joy and bliss in tablecloth,
During never ending dinner,
I rejoice in bending
its stitched edge under the table.

Oh my God, I am still alive!
I am still able to touch,
Both the hamming and the canvas,
As well as placing my elbow upon the table!

Holding on to tablecloth, or to be precise its corner,
Even if it's deemed a weakness,
Such glistening nonsense!
Please go on, the tablecloth, the joy!

*translated by Gary Light*
*the original Russian version — page 21*

\* \* \*

As I crossed the Alps, a small barbarian town,
Happened along on my way, so provincial – all logs and clay.
Someone uttered, while gulping from a flask,
It really matters not who it was, Piso or Cinna:
"Oh, do they really struggle for power, here as well,
Even though there is no tribunes, counsels, and legates?"
He reined in his horse, deciding to sip from the same flask,
And while giving it back answered in a hoarse voice,
Albeit at least quite seriously: "To be
I would prefer to be first here, rather than second or third in Rome..."
So many centuries have gone along, time to forget this phrase!
There is about four million in this town now,
and six counting blue collar surroundings.
Turning to the one sleeping on the back seat –
The one suffering from the motion sickness, - will ask him:
"What's your take, did it change
The person, or is he still the same, as if made out of stone pine or box-
wood?"
The one in the back seat will not reply, thinking that he dreamt my
question.

*translated by Gary Light*
*the original Russian version — page 22*

## THE TROY

*To T. Venclova*

Would you believe – this smallish square is all of Troy -
So said my friend – the size of this playground,
So, therefore Achilles in his tantrums
Was able to conserve his strength, when running it three times
While pursuing his offender... - And I imagined tiny little Troy
As being dusty, overgrown
With shrubs, - and I got quiet, won't hide that fact.

Would you believe all Troy is this mere court,
Yes, all of it - the size of this playground...
Not sure, what a historian would say,
But I rejoice in stating or surmising,
That all, that's great should probably be measured with the heart,
Which isn't that enormous –
So it was in times of Hector and Odysseus
So chances are, so should it be again

*translated by Gary Light*
*the original Russian version — page 23*

*   *   *

As we are laying in bed, there is sound of Chegem waterfall.
In the kitchen we sit, there is sound of Chegem waterfall,
As we're walking to work, there is sound of Chegem waterfall
Just the two of us stroll, there is sound of Chegem waterfall.

We are sipping our wine, there is sound of Chegem waterfall.
We prop open the window, there is sound of Chegem waterfall.
We read poems aloud, there is sound of Chegem waterfall.
As we enter the archive, there is sound of Chegem waterfall.

Being down and sad, there is sound of Chegem waterfall,
Being raised from our knees by Chopin,
                                   there is sound of Chegem waterfall,
Life cannot just be carried along, which I'm really delighted about --
As I will be prepared to depart, there is sound of Chegem waterfall!

*translated by Gary Light*
*the original Russian version — page 24*

\*   \*   \*

I burned a hole in my pants right above the knee
And figured that I will no longer wear them,
However, then I overruled myself, time and again
I wore them, and I doubt that anybody in my circle
Noticed: this deed of mine, and no one really cares?
Why would the others pay attention really?
So here is what transpired: Venice glistened,
As if a slightly wet net thrown upon life,
We sat by the Rialto Bridge, selecting our table
Under the tent, while visible to all, we drank our wine;
It did appear that we are being shown a certain segment
From a movie, quite old, as if it was a ghostly dream of sorts
Such setting, how can one resist to smoke? Yet the Canal
On purpose, perhaps, dispatched a sort of gentle breeze –
And that tobacco grain, continuing to burn, fell on
My pants profoundly assuring that, I remember this moment always.

*translated by Gary Light*
*the original Russian version — page 25*

\*   \*   \*

I glance upon the nighttime clouds from the window,
Having moved the rugged curtain.
I was happy – and was petrified of death. Petrified
Now too, but not the way I did back then.

To die – means to sound in the wind,
Along with the maple, observing dejectedly.
To die – means to find yourself at the court,
Either that of Richard, or Arthur.

To die -- is to crack most steadfast nut,
To become aware of all the reasons and motives.
To die – is to become contemporaries with all,
Besides those, who are still alive for now.

*translated by Gary Light*
*the original Russian version — page 26*

*   *   *

You are so sorrowful, as if your lips,
Are set to let admission fly into the air,
Yet you are silent, even though Proust
Spoke of this instance word by word,
That there are times, when women's faces,
On artist's canvas,
Are full of the unearthly sadness,
Of final thoughts, which cannot be reversed,
While very essence of that sadness whole,
Their turns and poses --
They look upon as Moses
Pours water into a furrow – that is all!

*translated by Gary Light*
*the original Russian version — page 27*

\*   \*   \*

Oh what a miracle it is, if He exists
The One who lit in our honor
Those constellations myriad nocturnal,
And if  it all, just set itself,
Then dear friend,
It's even more miraculous, indeed!

Have we been dealt? Have not.
Then all the mystery, a secret,
And so incredible is life!
The fire heading towards dark!
Is even more astonishing because,
It's never coming back.

*translated by Gary Light*
*the original Russian version — page 28*

*  *  *

That country, as if a cloud in the window,
Is so blue, so wintery, enormous.
Neither wine, nor a conversation
Would block its stature, while album
Of German graphic art one's looking through,
In the process of reading slow novel,
Bending over one's own work
Nevertheless we yield to it the front view
The fog,
The snow with streetlights partly golden.

The same as those awaiting correspondence,
Perhaps a call, a taxi, telegram,
Halfheartedly, and partly thinking through
Take part in arguments or dramas,
They praise your deed, or even written line,
They nod: a miracle no doubt? --
But even being carried away, they are aware
And aptly listen to one thing or other

*translated by Gary Light*
*the original Russian version — page 29*

# A NIGHT-FLY

A jacket is hanging lifelessly from a chair
A night fly has fallen asleep on the lapel.
Where the light caught up with her – is where she expired and fell asleep.
Where the dream overcame her – is where she spread her wings.
Attempting to wake her up would be futile:  she is tired.
And yellow thread is stitched through her mark.

She, with the night vision capabilities, deems the light to be a cover,
Which is solid as a curtain, yet with a crimson edge,
Being wrapped in it, she is feeling at peace.
She dreams of a room, where someone is sound asleep,
In the dark, which is wide open mercilessly yet sweet,
Glancing non-stop  at the defenseless one.

*translated by Gary Light*
*the original Russian version — page 30*

**Alexander Kushner** - Russian poet. The author of more than 30 books of poetry and numerous articles on classical and modern Russian poetry, collected in two books.

Kushner was born in Leningrad in 1936. He graduated from The Herzen State Pedagogical University of Russia, and later taught Russian literature.

After that he became a full-time writer and poet. Since then he published about 15 collections of his poetry and two books of his essays.

In 1965 he became a member of the Writers' Union, in 1987 joined the Russian PEN Center. He is also editor-in-chief of Biblioteka poeta (the "Library of the Poet" series).

Translations of Kushner's poetry into English, Italian and Dutch were published in book form; several poems were also translated to German, French, Japanese, Chinese, Serbian, Czech and Bulgarian.

**Александр Кушнер** – русский поэт, автор более, чем 30 поэтических сборников и ряда статей по классической и современной русской поэзии, изданных в двух книгах.

Кушнер родился в Ленинграде в 1936 году. Закончил Российский государственный педагогический университет им. А. И. Герцена и позже преподавал русскую литературу.

Затем он оставил педагогическую работу, полностью перейдя к писательской и поэтической деятельности. С тех пор он опубликовал 15 поэтических сборников и две книги эссе. В 1965 году он стал членом Союза писателей СССР, а в 1987 году вступил в Российский ПЕН-Центр. Также, А.Кушнер – главный редактор серии «Библиотеки поэта».

Стихи Кушнера переведены на английский, итальянский и голландский и изданы в виде поэтических сборников в разных странах мира; ряд стихотворений переведены на немецкий, французский, японский, китайский, сербский, чешский и болгарский языки.

\* \* \*

Я вермута сделал глоток
И вкусом был тронут полынным.
Как будто, тоске поперёк,
Я встретился с другом старинным.

Давно мы не виделись с ним,
И сцены менялись, и акты,
И он, – сколько лет, сколько зим! –
Спросил меня тихо: Ну как ты?

Бокал я чуть-чуть наклонил
С полоской, идущей по краю,
Помедлил, еще раз отпил
И честно ответил: Не знаю!

\* \* \*

Четко вижу двенадцатый век.
Два-три моря да несколько рек.
Крикнешь здесь - там услышат твой голос.
Так что ласточки в клюве могли
Занести, обогнав корабли,
В Корнуэльс из Ирландии волос.
А сейчас что за век, что за тьма!
Где письмо? Не дождаться письма.
Даром волны шумят, набегая.
Иль и впрямь европейский роман
Отменен, похоронен Тристан?
Или ласточек нет, дорогая?

* * *

Скатерть, радость, благодать!
За обедом с проволочкой
Под столом люблю сгибать
Край ее с машинной строчкой.

Боже мой! Еще живу!
Всё могу еще потрогать
И каемку, и канву,
И на стол поставить локоть!

Угол скатерти в горсти.
Даже если это слабость,
О бессмыслица, блести!
Не кончайся, скатерть, радость!

\* \* \*

Перевалив через Альпы, варварский городок
Проезжал захолустный, бревна да глина.
Кто-то сказал с усмешкой, из фляги отпив глоток,
Кто это был, неважно, Пизон или Цинна:
«О, неужели здесь тоже борьба за власть
Есть, хоть трибунов нет, консулов и легатов?»
Он придержал коня, к той же фляжке решив припасть,
И, вернув ее, отвечал хрипловато
И, во всяком случае, с полной серьезностью: «Быть
Предпочел бы первым здесь, чем вторым или третьим в Риме..»
Сколько веков прошло, эту фразу пора б забыть!
Миллиона четыре в городе, шесть – с окрестностями заводскими.
И, повернувшись к тому, кто на заднем сиденье спит -
Укачало его, – спрошу: «Как ты думаешь, изменился
Человек или он всё тот же, словно пиния и самшит?»
Ничего не ответит, решив, что вопрос мой ему приснился.

# ТРОЯ

*Т. Венцлове*

– Поверишь ли, вся Троя – с этот скверик, –
Сказал приятель, – с детский этот садик,
Поэтому когда Ахилл-истерик
Три раза обежал ее, затратил
Не так уж много сил он, догоняя
Обидчика... – Я маленькую Трою
Представил, как пылится, зарастая
Кустарничком, - и я притих, не скрою.

Поверишь ли, вся Троя – с этот дворик,
Вся Троя – с эту детскую площадку...
Не знаю, что сказал бы нам историк,
Но весело мне высказать догадку
О том, что всё великое скорее
Соизмеримо с сердцем, чем громадно, –
При Гекторе так было, Одиссее,
И нынче точно так же, вероятно.

\*   \*   \*

Мы в постели лежим, а в Чегеме шумит водопад
Мы на кухне сидим, а в Чегеме шумит водопад,
Мы на службу идем, а в Чегеме шумит водопад,
Мы гуляем вдвоем, а в Чегеме шумит водопад.


Распиваем вино, а в Чегеме шумит водопад.
Открываем окно, а в Чегеме шумит водопад.
Мы читаем стихи, а в Чегеме шумит водопад.
Мы заходим в архив, а в Чегеме шумит водопад.

Нас, понурых, с колен, а в Чегеме шумит водопад,
Поднимает Шопен, а в Чегеме шумит водопад.
Жизнь с собой не забрать, и чему я особенно рад, –
Буду я умирать, а в Чегеме шумит водопад!

\*   \*   \*

Я дырочку прожег на брюках над коленом
И думал, что носить не стану этих брюк,
Потом махнул рукой и начал постепенно
Опять их надевать, и вряд ли кто вокруг
Заметил что-нибудь: кому какое дело?
Зачем другим на нас внимательно смотреть?
А дело было так: Венеция блестела,
Как влажная, на жизнь наброшенная сеть,
Мы сели у моста Риальто, выбрав столик
Под тентом, на виду, и выпили вина;
Казалось, это нам прокручивают ролик
Из старого кино, из призрачного сна,
Как тут не закурить? Но веющий с Канала,
Нарочно, может быть, поднялся ветерок –
И крошка табака горящего упала
На брюки мне, чтоб я тот миг забыть не мог.

\*  \*  \*

Я к ночным облакам за окном присмотрюсь,
Отодвинув суровую штору.
Был я счастлив – и смерти боялся. Боюсь
И сейчас, но не так, как в ту пору.

Умереть – это значит шуметь на ветру
Вместе с кленом, глядящим понуро.
Умереть – это значит попасть ко двору
То ли Ричарда, то ли Артура.

Умереть – расколоть самый твердый орех,
Все причины узнать и мотивы.
Умереть – это стать современником всех,
Кроме тех, кто пока еще живы.

* * *

Ты так печальна, словно с уст
Слететь признание готово.
Но ты молчишь, а впрочем, Пруст
Сказал об этом слово в слово,
Что лица женские порой
У живописцев на полотнах
Полны печали неземной,
Последних дум бесповоротных,
Меж тем как смысл печали всей
И позы их и поворота –
Они глядят, как Моисей
Льет воду в желоб – вся забота!

\*   \*   \*

Какое чудо, если есть
Тот, кто затеплил в нашу честь
Ночное множество созвездий!
А если всё само собой
Устроилось, тогда, друг мой,
Еще чудесней!

Мы разве в проигрыше? Нет.
Тогда все тайна, все секрет
А жизнь совсем невероятна!
Огонь, несущийся во тьму!
Еще прекрасней потому,
Что невозвратно.

* * *

Страна, как туча за окном,
Синеет зимняя, большая.
Ни разговором, ни вином
Не заслонить ее, альбом
Немецкой графики листая,
Читая медленный роман,
Склонясь над собственной работой,
Мы всё равно передний план
Предоставляем ей; туман,
Снежок с фонарной позолотой.

Так люди, ждущие письма,
Звонка, машины, телеграммы,
Лишь частью сердца и ума
Вникают в споры или драмы,
Поступок хвалят и строку,
Кивают: это ли не чудо? –
Но и увлекшись, начеку:
Прислушиваются к чему-то.

## НОЧНАЯ БАБОЧКА

Пиджак безжизненно повис на спинке стула.
Ночная бабочка на лацкане уснула.
Где свет застал ее – там выдохлась и спит.
Где сон сморил ее – там крылья распластала.
Вы не добудитесь ее: она устала.
И желтой ниточкой узор ее прошит.

Ей, ночью видящей, свет кажется покровом
Сплошным, как занавес, но с краешком багровым.
В него укутанной, покойно ей сейчас.
Ей снится комната со спящим непробудно
Во тьме, распахнутой безжалостно и чудно,
И с беззащитного она не сводит глаз.

| TABLE OF CONTENTS | | ОГЛАВЛЕНИЕ | |
|---|---|---|---|